Los biomas

Maria Koran

EYEDISCOVER

Ve a **www.openlightbox.com** e ingresa el código único de este libro.

CÓDIGO DEL LIBRO

AVY28875

EYEDISCOVER te trae libros mejorados por multimedia que apoyan el aprendizaje activo.

Published by Lightbox Learning Inc.
276 5th Avenue, Suite 704 #917
New York, NY 10001
Website: www.openlightbox.com

Library of Congress Control Number: 2022952127

ISBN 978-1-7911-5408-0 (hardcover)

Printed in Guangzhou, China
1 2 3 4 5 6 7 8 9 0 27 26 25 24 23

022023
102522

English Project Coordinator: John Willis
Spanish Editor: Sara Cucini
Layout: Sushant Deshpande
English/Spanish Translator: Translation Services USA

The publisher acknowledges Alamy, Dreamstime, Getty Images, Minden Pictures, and Shutterstock as the primary image suppliers for this title.

EYEDISCOVER proporciona contenido enriquecido, optimizado para el uso en tabletas, que complementa este libro. Los libros de EYEDISCOVER se esfuerzan por crear un aprendizaje inspirado e involucrar a las mentes jóvenes en una experiencia de aprendizaje total.

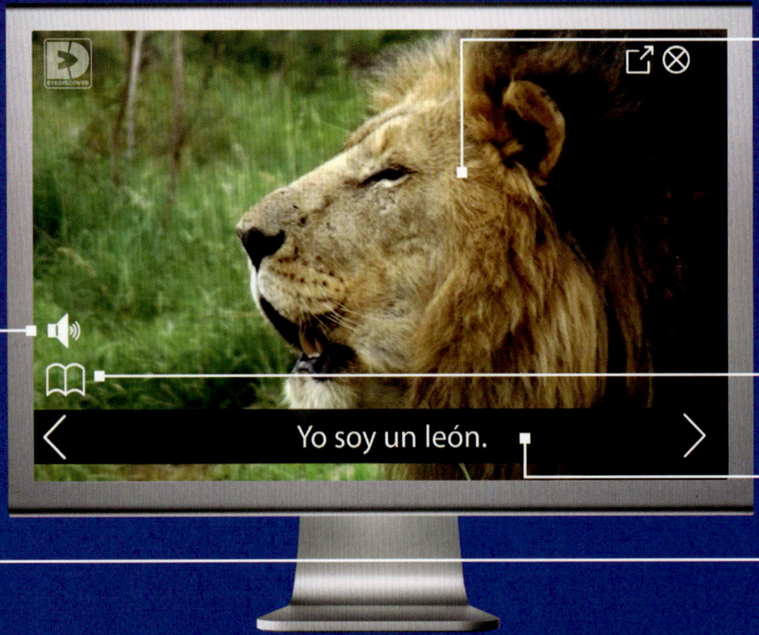

Mira
El contenido de video da vida a cada página.

Navega
Las miniaturas simplifican la navegación.

Lee
Sigue el texto en la pantalla.

Escucha
Escucha cada página leída en voz alta.

Tu EYEDISCOVER con Seguimiento de Lectura Óptico cobra vida con...

Audio
Escucha todo el libro leído en voz alta.

Video
Los videos de alta resolución convierten cada hoja en un seguimiento de lectura óptico.

OPTIMIZADO PARA
- TABLETAS
- PIZARRAS ELECTRÓNICAS
- COMPUTADORES
- ¡Y MUCHO MÁS!

Este título es parte de nuestra suscripción digital de EyeDiscover

1-año de suscripción
ISBN 978-1-4896-8346-5

Accede a todos los títulos de EyeDiscover con nuestra suscripción digital.
Regístrate para una prueba GRATUITA en www.openlightbox.com/trial

Se garantiza que los componentes digitales de este libro estarán activos por al menos cinco años desde la fecha de publicación.

Los biomas

En este libro aprenderás

- **qué son**
- **cómo son**
- **quién vive en ellos**

¡y mucho más!

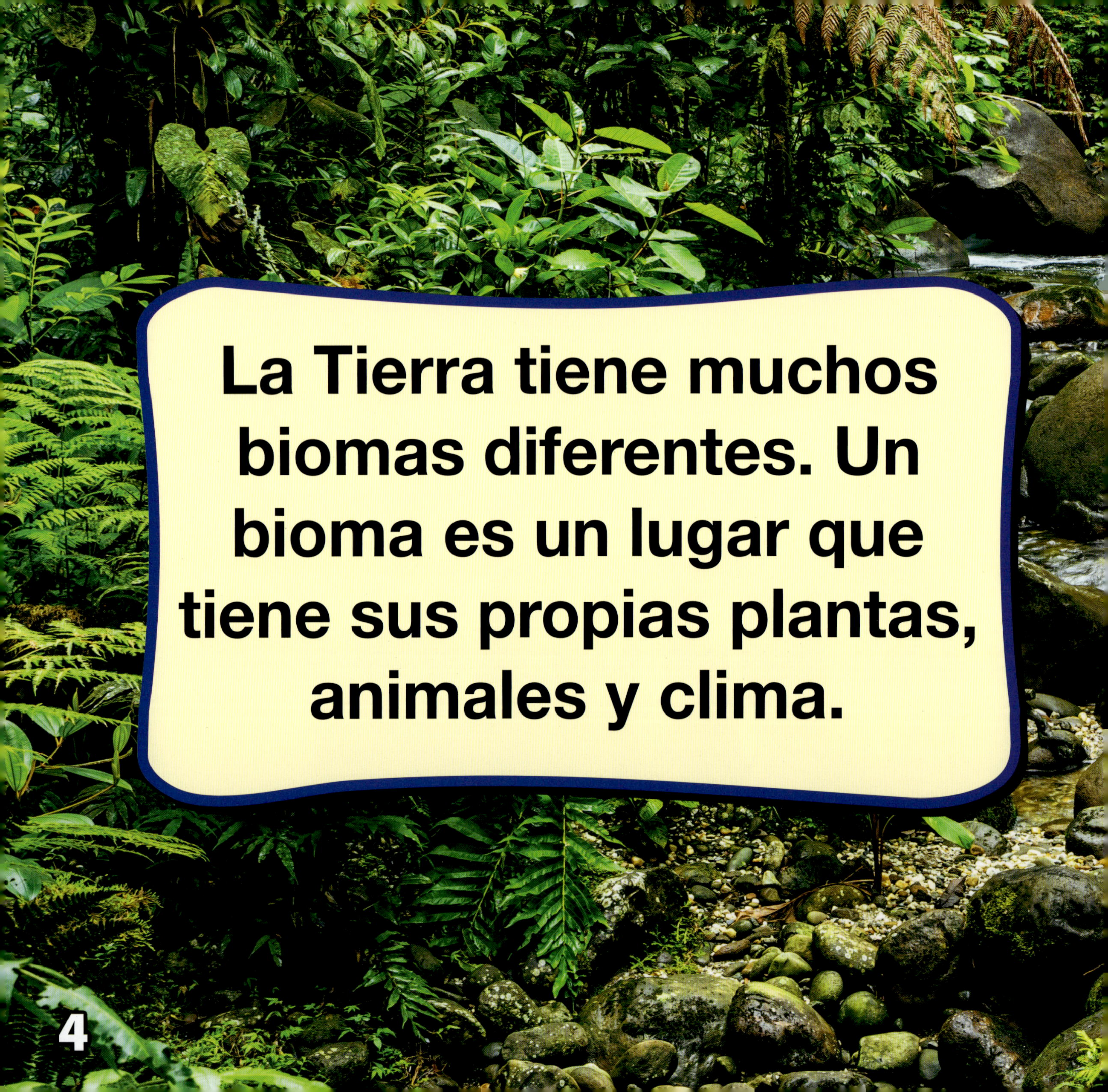

La Tierra tiene muchos biomas diferentes. Un bioma es un lugar que tiene sus propias plantas, animales y clima.

Los océanos son los biomas más grandes. En ellos viven muchos peces y otros tipos de animales.

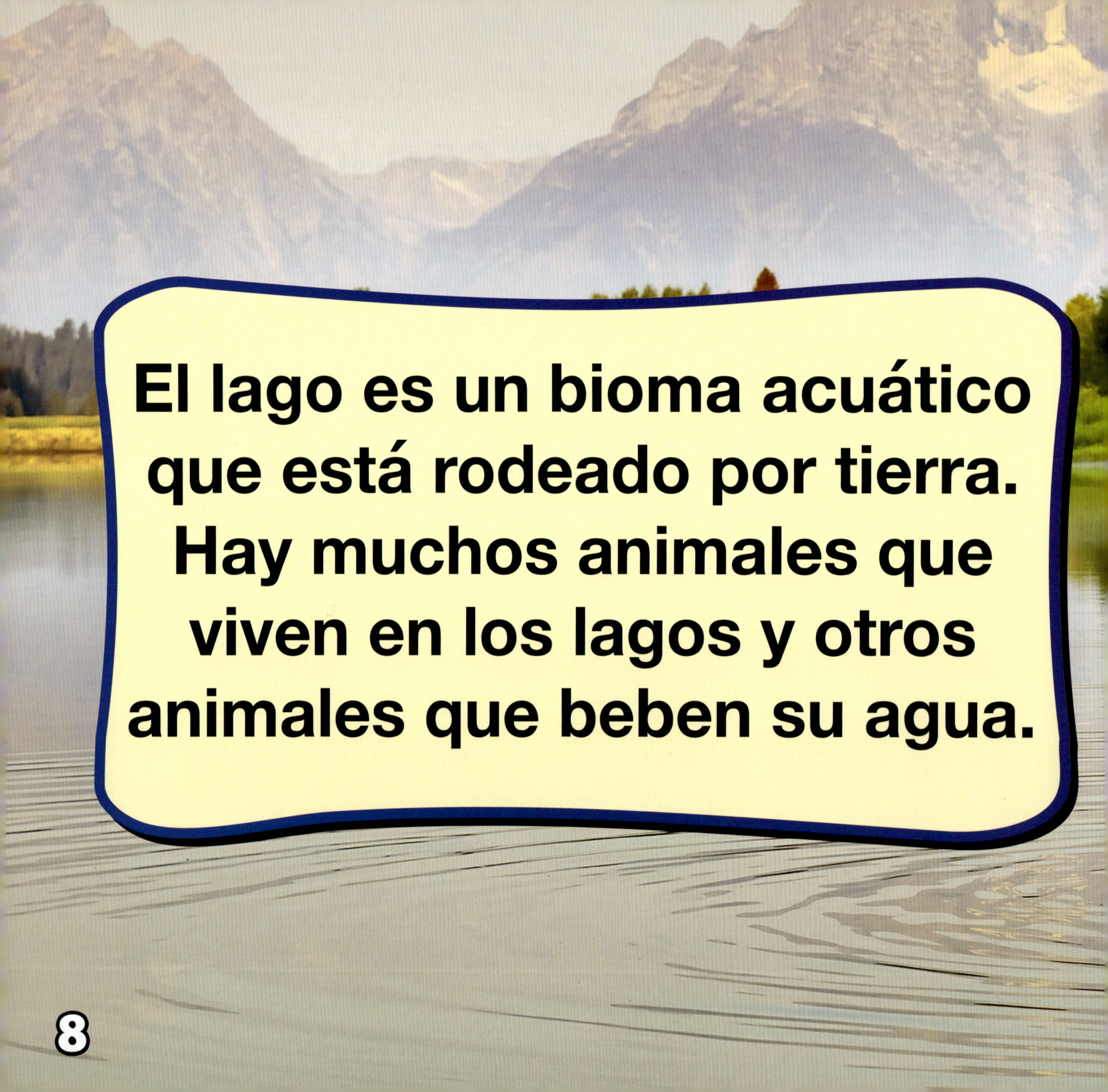

El lago es un bioma acuático que está rodeado por tierra. Hay muchos animales que viven en los lagos y otros animales que beben su agua.

Los humedales son biomas formados por tierra y agua. Allí viven plantas como nenúfares y totoras.

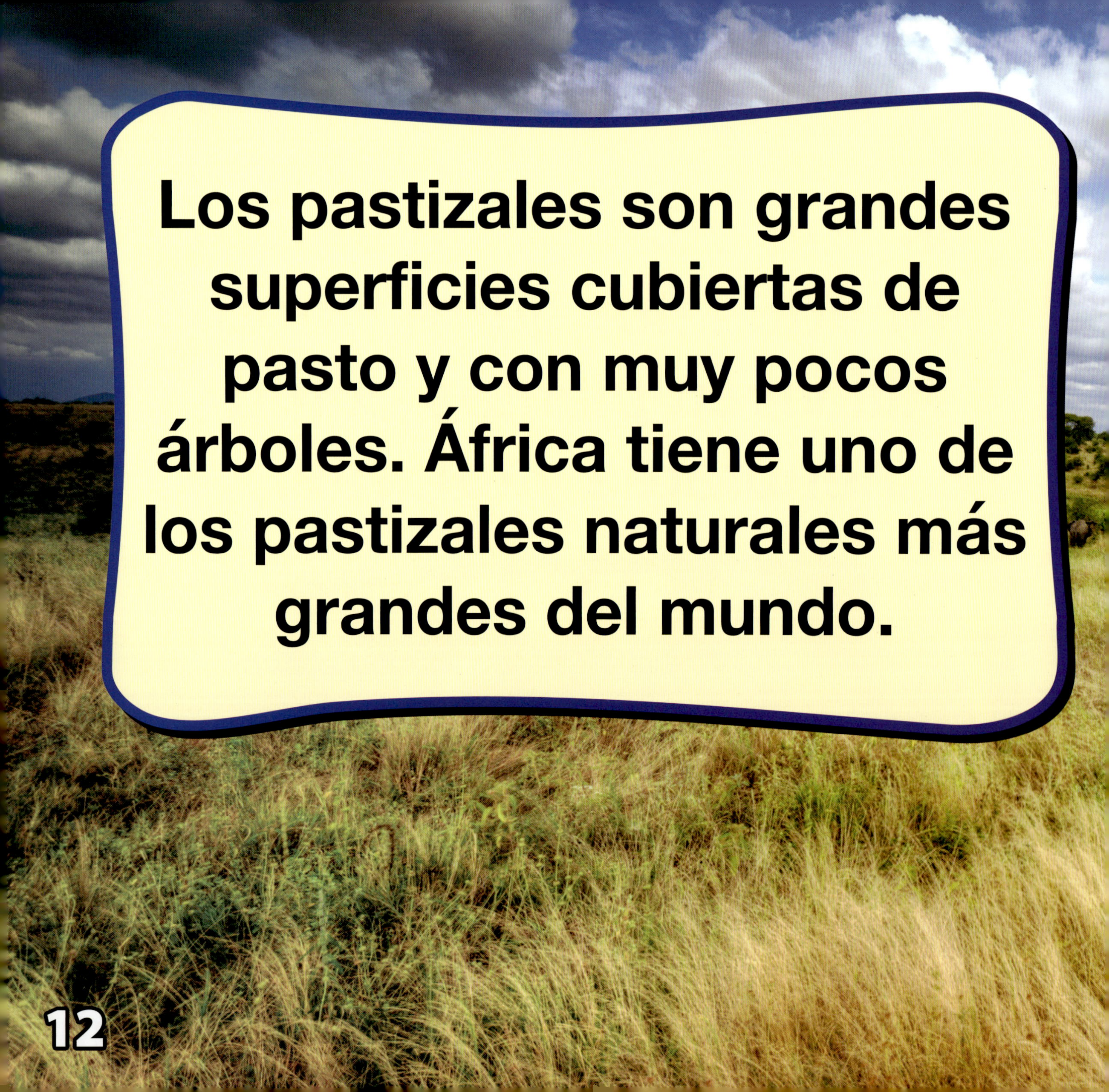

Los pastizales son grandes superficies cubiertas de pasto y con muy pocos árboles. África tiene uno de los pastizales naturales más grandes del mundo.

14

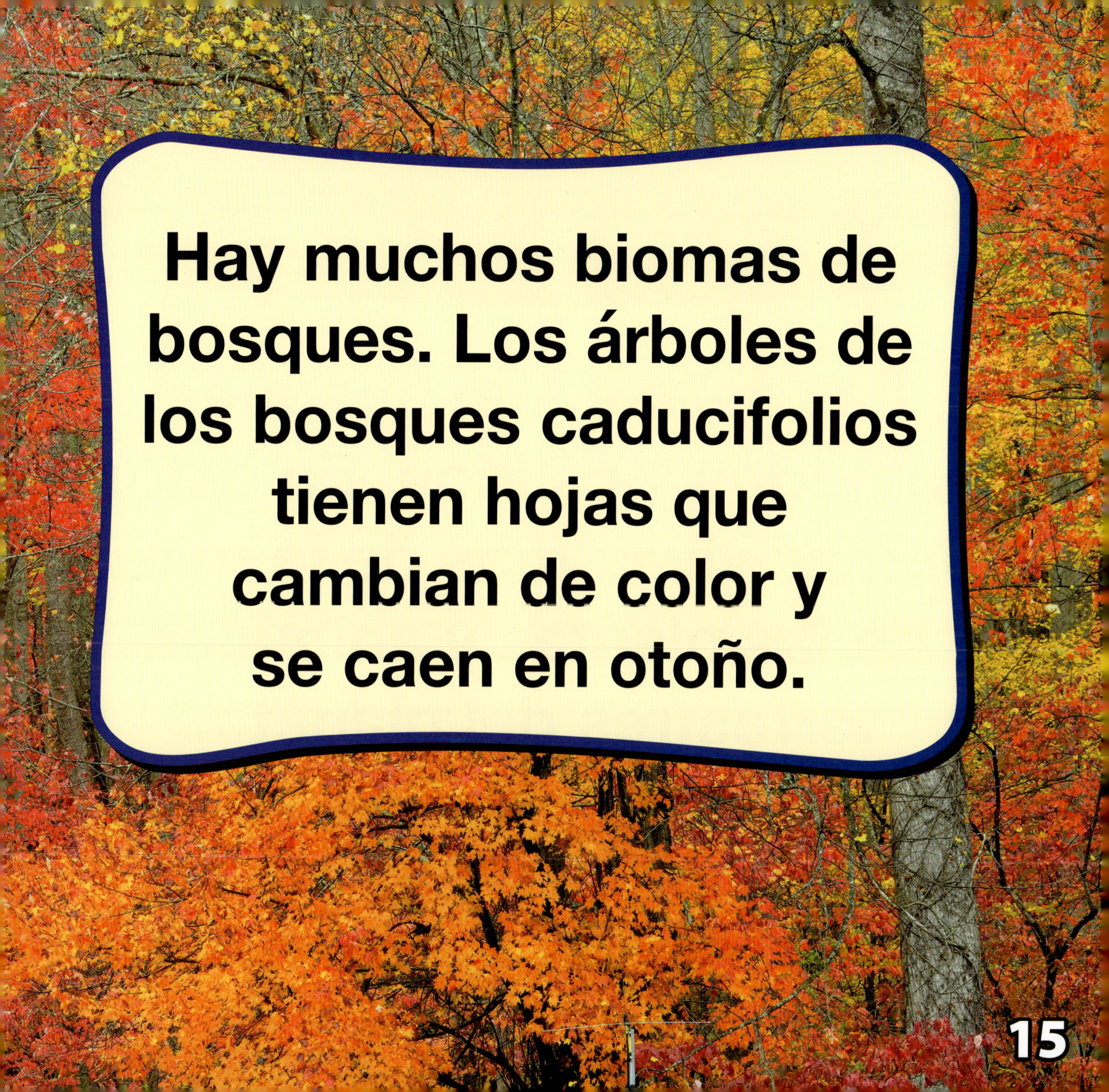

Hay muchos biomas de bosques. Los árboles de los bosques caducifolios tienen hojas que cambian de color y se caen en otoño.

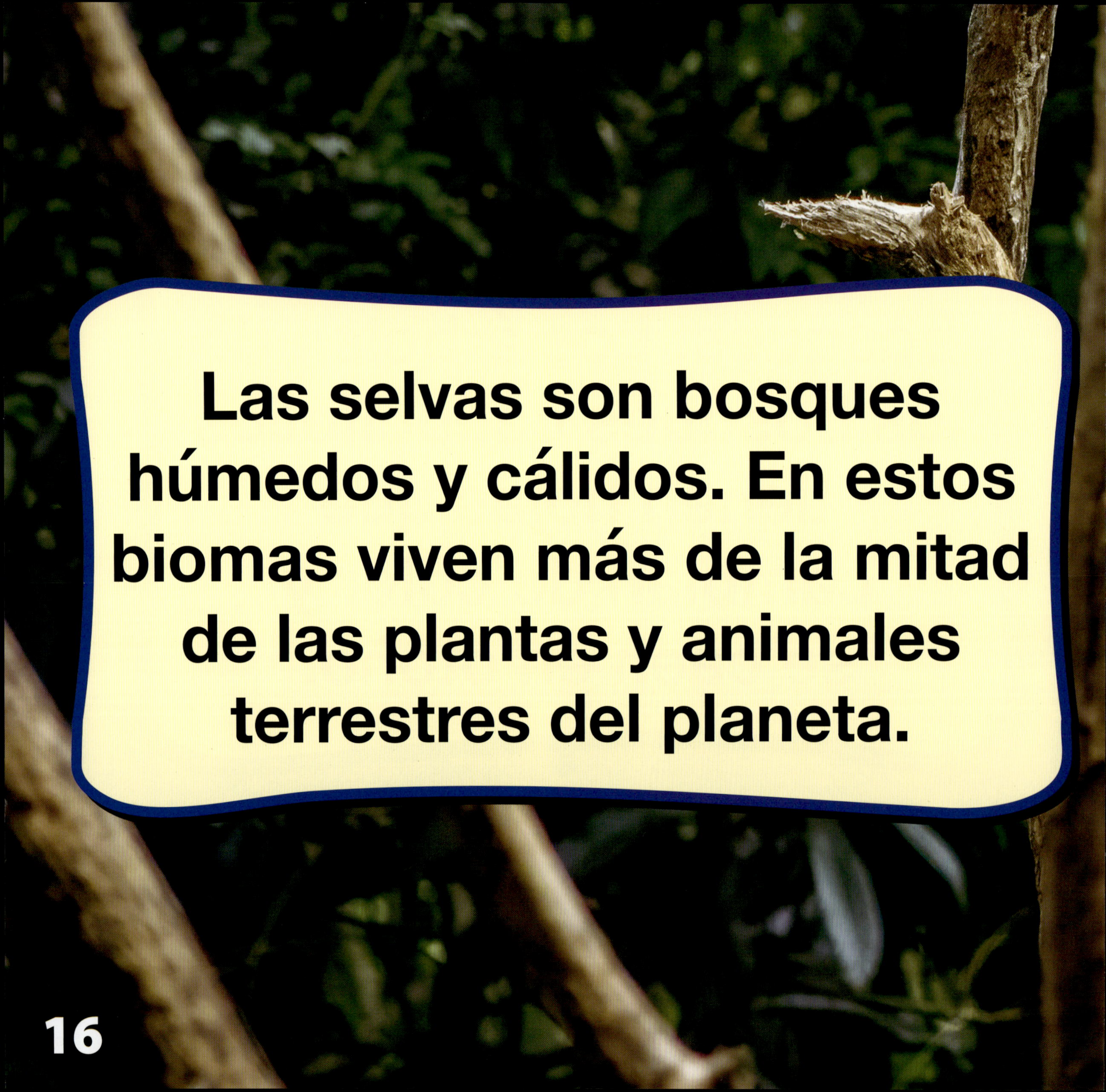

Las selvas son bosques húmedos y cálidos. En estos biomas viven más de la mitad de las plantas y animales terrestres del planeta.

El bioma del desierto tiene muy pocas lluvias. Algunos desiertos son muy calurosos durante el día. En estos desiertos, los animales suelen esconderse bajo la tierra hasta la noche.

Hay muchos biomas que están en peligro. Podemos protegerlos limpiando la basura y usando menos electricidad y agua.

LOS BIOMAS EN NÚMEROS

La **Antártida** es el **desierto más grande del mundo**.

Menos del **3 por ciento** del planeta está cubierto por **selvas**.

Casi la **mitad** de África está cubierta por **pastizales** llamados **sabanas**.

Casi el **71** **por ciento** de la superficie terrestre es **agua**. Por eso, a la Tierra se la llama **"EL PLANETA AZUL"**.

El Gran Pantanal, de Sudamérica, es el **humedal más grande del mundo**. Abarca **42 millones de acres** (17 millones de hectáreas).

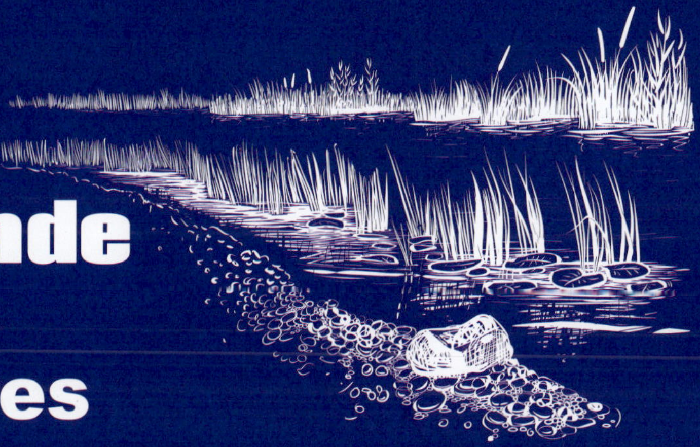

PUERTO RICO tiene el **único** bosque nacional de los Estados Unidos que también es una **SELVA TROPICAL**.

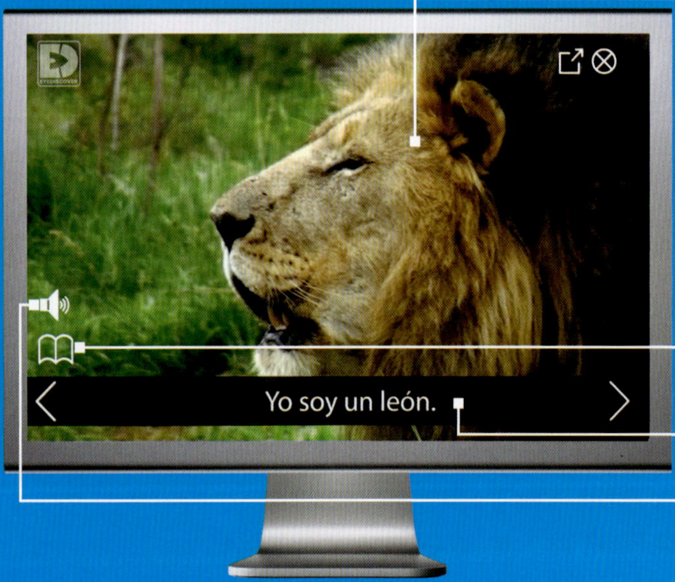

Mira
El contenido de video da vida a cada página.

Navega
Las miniaturas simplifican la navegación.

Lee
Sigue el texto en la pantalla.

Escucha
Escucha cada página leída en voz alta.

EYEDISCOVER

Ve a www.openlightbox.com e ingresa el código único de este libro.

CÓDIGO DEL LIBRO

AVY28875